EASY ITALIAN CROSSWORD PUZZLES

Nancy Parato Goldhagen
Richard Goldhagen

D0711596

PASSPORT BOOKS
a division of *NTC Publishing Group*
Lincolnwood, Illinois USA

INTRODUCTION

Easy Italian Crossword Puzzles is a unique collection of language games that teach as well as entertain. Designed for all Italian-language learners—from beginning to advanced—this book provides an effective method for learning and reviewing Italian vocabulary. Based on major word families, the words featured in the puzzles were selected for their high frequency and usefulness in everyday situations.

The 31 puzzles in this book are each built around a specific theme, such as the weather, the house, sports, modes of transportation, furniture, parts of the body, etc. This method allows you to focus your vocabulary study on specific areas, thus helping you to develop confidence when speaking or writing about those topics. In addition to learning vocabulary, you will also absorb information about Italy and Italian culture as you work such puzzles as *Le regione d'Italia* and *Personaggi famosi*. And if you want to exercise your own creativity in Italian, a grid has been provided at the back of the book to encourage you to make up your own crossword puzzle.

The easier puzzles at the beginning of the book start with the clues in English and the answers in Italian. The puzzles gradually increase in difficulty with Italian clues and English answers. The most difficult puzzles are entirely in Italian. This sequential order encourages the steady development of your language skills and fosters your confidence in them as you tackle puzzles that increase in difficulty at a gradual rate.

Go through this book by yourself or with others. Either way, *Easy Italian Grammar Puzzles* will bring you hours of pleasure along with a great deal of valuable Italian-language practice. And remember, if you should have any difficulty with a puzzle clue, complete solutions are provided for you in the Answer Key.

Contents

ENGLISH/ITALIAN PUZZLES
NELLA PESCHERIA

Across

3. Lobster
7. Salmon
8. He
9. House
10. Octopus
11. Fish hook
12. Cod
13. Sardine
15. Shrimp
16. Squid

Down

1. Mackerels
2. Clam
4. Crayfish
5. Oyster
6. Tuna
7. Cuttlefish
9. Mussels
10. Little bit (short form)
12. Sea
14. Thing

IL CALENDARIO

Across

3. Yesterday
4. January
5. Tomorrow
6. March
8. The day before yesterday
12. Summer
13. Monday
14. Thursday
15. Year
16. Seasons
18. May

Down

1. Spring
2. Today
6. Mine (f. pl.)
7. Tuesday
9. Winter
10. April
11. Fall
14. Chalk
17. Already

L'ORARIO

Across

1. Seconds
3. Small bells
4. Hour
7. Small hand on a clock
10. Morning
11. Noon
13. Hymn
14. Are
15. Cuckoo clock
16. Punctual
17. Alarm clock

Down

1. Yes
2. The clock is slow (one word)
4. Clock
5. The clock is fast (one word)
6. Midnight
8. Night
9. Delay
11. Minutes
12. Day
14. Evening

CARNI E SALAMI

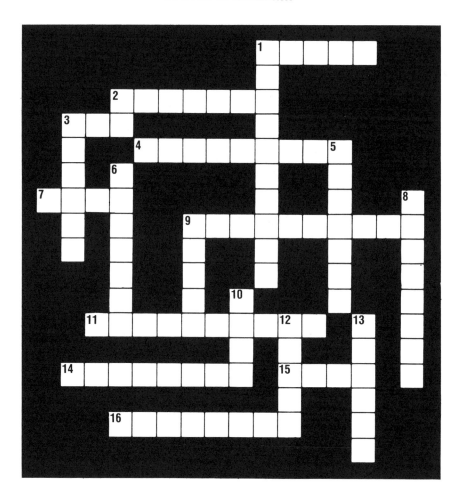

Across

1. Chicken
2. Filet
3. My (fem. sing.)
4. Sausage
7. Noses
9. Lunch meat (looks like a large sausage)
11. Cutlet
14. Bacon
15. Branches
16. Steak

Down

1. Ham
2. Makes (3rd person sing.)
3. Pork
5. Lamb
6. Veal
8. Turkey
9. Beef
10. Pear
12. Earth
13. Tripe

LA FRUTTA

Across

5. Apricot
7. Medlar
8. Blackberry
10. Fish hook
11. Figs
13. Prunes
14. Orange
15. Pineapple
16. Strawberry
17. Pear

Down

1. Chestnut
2. Prickly pears
3. Tangerine
4. Apple
6. Watermelons
9. Lemons
12. Banana
13. Whipped cream

LA VERDURA

Across

1. Artichoke
4. Carrot
5. Expensive
7. We
9. Cabbage
10. Yes
11. Where you see many animals (one word)
14. Large bean
15. Lettuce
16. Peas
18. Broccoli
19. Houses

Down

1. ·Cauliflowers
2. Cucumbers
3. Fennel
5. Onion
6. Radish
8. Potato
10. Spinach
11. Italian squash
12. Turnips
13. Mushrooms
17. Celery

I COLORI

Across

4. Orange
5. Green
6. Blue
7. Black
9. She
11. Turn
12. Purple
13. Yellow
14. Brunette

Down

1. Brown
2. White
3. Sky blue
4. Azure blue
8. Pink
10. Beige
11. Gray
12. You (plural)

7

AGGETTIVI

Across

3. Annoying
4. Happy
6. Short
9. Brunette (f.)
10. Man
12. If
13. Good
15. Intelligent
17. Full
18. Nice

Down

1. Romantic
2. Sad
4. Tall
5. Clever
6. Blond
7. Stupid
8. Sweet
11. Ugly
12. Sunny
13. Beautiful
14. Lively
16. Salty

IN BANCA

Across

2. Clerks
5. A line you stand in (one word)
6. Signature
8. Italian money
10. Windows (in a bank)
12. Coins
13. Within
15. Money
16. Homes
17. There
18. Pink
19. Proceeds (of a business venture, etc.)
20. Telephone

Down

1. Bank books
3. Blank forms
4. Date
7. Checks
9. Dollars
11. Interest
14. Stamp
15. Deposit
17. Cashier's window

NELL'AULA

Across

2. Student's desk
4. Window
5. Notebooks
8. He knows
11. Blackboard
12. He loves
13. Scissors
14. But
15. Pen
16. Bookcase
18. A woman professor
20. Sheet
21. Lessons
22. Chalk

Down

1. Square
3. Teacher's desk
6. Teacher
7. Professor
8. Chair
9. Big book
10. Pencil
14. Mixed
15. Crayons
17. Homework
19. Ruler

PIANTE, FIORI E ALBERI

Across

1. Tulips
3. Carnation
6. Four-leaf clovers
9. Ivy
10. But
11. Hours
14. Hydrangea
15. Dahlia
16. Violet
17. Leaf

Down

2. Narcissus
3. Lily
4. Tree
5. Orchid
6. Oak
7. Goddess
8. Cypresses
10. Lilies of the valley
12. Rose
13. Pine tree

ITALIAN/ENGLISH PUZZLES
VERBS

Across

1. Chiedere
4. Sedere
6. Provare
9. Strappare
10. Esistere
11. Leggere
12. Gridare
14. Provare
15. Usare
19. Dire
20. Possedere
21. Intrappolare
22. Volere
23. Dondolare

Down

2. Fermare
3. Macchiare
4. Sembrare
5. Intrattenere
6. Pregare
7. Cavalcare
8. Vestire
13. Imparare
16. Guadagnare
17. Saltare
18. Nevicare

TRANSPORTATION

Across

1. Cavalli
5. Camion
6. Sottopassaggio
10. Macchina
13. Bicicletta
15. Treno
16. Autobus
17. Slitta
18. Gli sci

Down

2. Costola
3. Arte
4. Pattino
7. Tempo fa
8. Razzi
9. Aerei
11. Monociclo
12. Canoe
13. Barche
14. Tassì

FAMILY

Across

2. Nonna
3. Marito
6. Padre
8. Nipote (la figlia di mia figlia)
9. Bambino
11. Nonni
14. Madre
16. Sette
17. Moglie
19. Nipote (il figlio di mia sorella)
20. Cugino
21. Zii

Down

1. Nipoti (i figli maschi di mio figlio)
2. Nonni
4. Figlio
5. Figlie
7. Papà
10. Fratello
12. Nipote (la figlia di mia sorella)
13. Zia
15. Il male
17. Vincere
18. Dentro

14

AT THE ZOO

Across

2. Giardino zoologico
4. Elefanti
7. Orsi
8. Alce Americano
12. Canguri
13. Cervo
14. Moffetta
15. Volpe
16. Foca
17. Lupo
18. Struzzi

Down

1. Scimmie (antropomorfe)
2. Zebre
3. Orangutan
5. Leone
6. Serpente
9. Pecora (femmina)
10. Giraffe
11. Scimmie

FARM ANIMALS

FURNITURE

Across

3. Comodino
4. Divano
5. Fresco
7. Culla
9. Letto
10. Specchio
11. Tappeto
13. Sedia a dondolo
14. Tavolo
15. Sofà
16. Televisore

Down

1. Sgabello
2. Cassetto
3. Orso
4. Stereo
6. Lampada
7. Comò
8. Bureau
9. Scaffale
12. Scrivanie
13. Radio

CLOTHING

Across

1. Vestito
4. Berretto
5. Lui
6. Stirare
10. Pantaloni
12. Cravatta
13. Cintura
14. Essere
15. Non
16. Calze
18. Scarpe
19. Calze da donna
20. Maglia
21. Vestiti

Down

2. Vestaglia
3. Sciarpa
5. Cappello
7. Gonna
8. Giacca
9. Camicie
11. Calzettini
13. Camicette
14. Stivali
17. Cappotto

WEATHER

Across

3. Vento
4. Sole
8. Sereno
10. Nuvoloso
11. Umido
13. Ghiaccio
15. Cantò
16. Temporale
17. Nevoso
18. Ombrello
19. Gelare
20. Caldo

Down

1. Fulmine
2. Umido
5. Temperatura
6. Freddo
7. Tuono
8. Nebbia
9. Pioggia
12. Acquazzone
13. Pronome neutro
14. Fresco
16. Nevischio

ON THE TABLE

Across

1. Cucchiai
5. Bottiglia
6. Pepe
8. Frutta
10. Piatto
11. Tè
12. Burro
14. Tovaglioli
17. Latte
18. Coltello
19. Grande
21. Stoffa o tovaglia
22. Panna

Down

1. Posate
2. Pane
3. Caffè
4. Carne
7. Tazza
8. Forchetta
9. Piattino
13. Tempo
15. Sale
16. Vino
20. Interiezione (esprime meraviglia)

NUMBERS

Across

3. Cinque
5. Nove
7. Ottanta
8. Diciotto
10. Quattro
11. Sedici
13. Quaranta
16. Sette
17. Quindici
19. Undici
20. Tredici
21. Dieci
22. Novanta
23. Settanta

Down

1. Diciassette
2. Uno
4. Zero
5. Diciannove
6. Otto
9. Due
10. Quattordici
12. Dodici
14. Cento
15. Venti
18. Tre

ITALIAN/ITALIAN PUZZLES
GLI SPORT

Orizzontale

5. È piena di acqua.
7. Un buco.
8. Il gioco del pallone.
10. Entusiasti di una squadra.
12. Adesso.
16. Gara.
19. Sono usate per il gioco del tennis.
22. Divide i giocatori del tennis.
23. Dondola.
26. Recipienti per il vino.
27. Sport di origine statunitense.
28. Corsa coi pattini.
30. Si usa nel gioco del calcio.
31. Lo sport della bicicletta.

Verticale

1. Passatempo.
2. Scivolano sulla neve.
3. Difende la porta.
4. Un gruppo di giocatori.
6. Si fa in acqua.
8. Lì, in quel luogo.
9. Lo sport del remo.
11. Dirige una competizione sportiva.
13. Acque salate.
14. I più bravi.
15. Competizione.
17. Si colpiscono con i pugni.
18. Si combattono con la spada.
20. Si gioca con racchette.
21. Zona sportiva.
24. Animale per cavalcatura.
25. Sfera di gomma.
26. Tre cantanti.
29. Ha due narici.

LE PARTI DEL CORPO

Orizzontale

2. Contiene il cervello.
4. Fa parte della gamba.
6. Ogni giorno lo tocca l'infermiera.
9. Era il punto debole d'Achille.
10. È nel mezzo del braccio.
13. Difendono l'occhio.
14. Ce ne sono sessanta in un'ora.
17. Parte prominente del viso.
18. Parte che palpita.
21. Servono per camminare.
22. Organi della vista.
23. Riveste l'estremità delle dita.
26. Servono per respirare.
27. Sono sotto il naso.
30. Dove la gamba si piega.
31. È dritta e lunga.
32. Si apre quando si parla.
33. È sotto le labbra.

Verticale

1. Parte laterale del corpo.
3. Ha la forma di sacco.
5. È sotto il mento.
7. È alla base del collo.
8. È fra il ginocchio e il piede.
10. Coscia, ginocchio e polpaccio.
11. Ha cinque dita.
12. Uno si chiama pollice.
15. Coprono la testa.
16. Va dall'anca al ginocchio.
19. Un'atleta li ha robusti.
20. Faccia.
24. Parte su cui si pone la cintura.
25. Organo dell'udito.
27. Serve per parlare.
28. Ce ne sono trentadue.
29. La più grossa ghiandola del corpo.

SAPER GUIDARE

Orizzontale

2. Area.
8. Zona.
9. Rallentano il veicolo.
11. Strada riservata ai veicoli.
12. Ostilità.
14. Dipinte sulla strada per guidare i pedoni.
17. Strada.
18. Sosta.
20. Quando si oltrepassa.
21. Quelli che vanno a piedi.
23. Mezzo di trasporto.
25. Proibizione.
26. ....come una banana.

Verticale

1. Sezione di un'autostrada.
3. Rallentare il veicolo.
4. L'opposto di arrivo.
5. Apparecchio luminoso per regolare il traffico.
6. Macchina.
7. Segnale stradale.
10. Luce di un veicolo.
13. Senso.
15. ....come i piselli.
16. Documento per poter guidare.
19. ....come un pomodoro.
22. Fermata.
24. Indica il giorno.

24

LE REGIONI D'ITALIA

Orizzontale

3. Trentino-Alto....
7. Dove si fanno le Fiat.
9. Regione dei trulli.
11. Io intendo.
12. Si sporge sull'Adriatico.
14. Trascina.
17. È al nord dell'Abruzzo.
18. Parte dura del corpo.
19. Friuli-Venezia....
20. Guarda la Sicilia.
22. La sua costa Amalfitana è meravigliosa.
23. Una grande isola del Tirreno.
24. Ha il più importante porto d'Italia.
25. È al nord della Puglia.
26. Potenza è il suo capoluogo.

Verticale

1. Inganna i pesci.
2. È famosa per i suoi laghi.
4. Friuli-....-Giulia.
5. Una sua città galleggia sul mare.
6. ....Romagna.
8. Confina con l'Austria.
10. Il suo capoluogo è Roma.
11. La più grande isola d'Italia.
13. Ci viveva San Francesco d'Assisi.
15. L'Emilia....
16. Dove nacque la lingua italiana.
20. Dimora.
21. Animale con otto zampe.
25. Però.

LA CASA

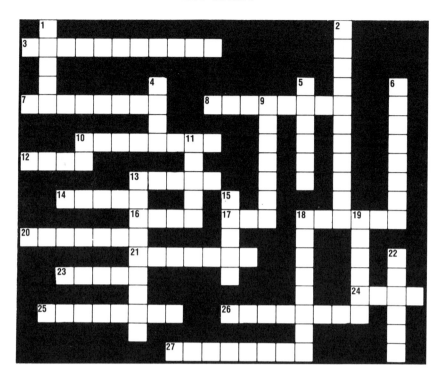

Orizzontale

3. Parte della strada riservata ai pedoni.
7. È dietro la casa.
8. Camino.
10. Il cielo di una stanza.
12. Pareti.
13. La si apre con la chiave.
14. Sono intorno al tavolo.
16. Ci crescono i fiori.
17. Lei vuole bene.
18. Era un pittore.
20. Loggie.
21. Coprono il pavimento.
23. Sono fatti di gradini.
24. Illumina la stanza.
25. La si apre la mattina.
26. Si chiudono quando c'è molto sole.
27. Inferriata.

Verticale

1. Pietre lucide.
2. Serve a mantenere freddi gli alimenti.
4. Buchi della pelle.
5. È all'ingresso.
6. Poggiolo.
9. È sul tetto.
10. Affermazione.
11. Copre una casa.
13. È sotto i piedi e guarda il soffitto.
15. Stanza in cui si trova una vasca.
18. Zona di fiori e alberi.
19. Coprono il tetto.
22. Ci lavora il cuoco.

MESTIERI E PROFESSIONI

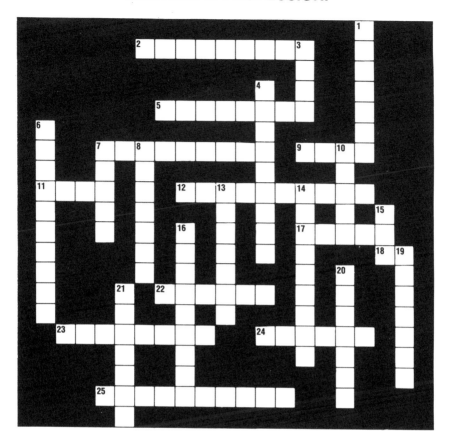

Orizzontale

2. Lavora in campagna.
5. Lo era Michelangelo.
7. Accomoda le scarpe.
9. Ha una torre pendente.
11. Sostiene una casa.
12. Assiste i malati.
17. Scrive poesie.
18. Pronome personale.
22. Cura i malati.
23. Cura le carie.
24. È sul palcoscenico.
25. Insegnante.

Verticale

1. Dedicato alle belle arti.
3. Padrone di osteria.
4. Riproduce immagini su pellicole.
6. Vende medicine.
7. Prepara i pranzi.
8. Vende il latte.
10. Confezionano gli abiti.
13. Fa il pane.
14. Lavora in ufficio.
15. L'opposto di sempre.
16. Dirige un'azienda.
19. Vende gioielli.
20. Lavoratore.
21. Dipinge.

27

LE CITTÀ

Orizzontale

5. Incantevole isola vicino Napoli.
7. Città nativa di Cristoforo Colombo.
8. C'è un famoso Duomo.
10. Famosa per le sue numerosissime fontane.
11. Famosa per i suoi marmi.
13. Vasta massa di acqua salata.
15. Piccola isola nel golfo di Napoli.
20. Capoluogo dell'Abruzzo.
21. Luogo dove morì Dante Alighieri.
24. Paese nativo di San Francesco.
26. Ci viveva la famiglia dei Medici.
27. Il patrono è Sant'Antonio.
28. La sua università è la più antica d'Europa.

Verticale

1. C'è una torre pendente.
2. Città distrutta da un'eruzione del Vesuvio.
3. Famosa spiaggia dell'Emilia Romagna.
4. Il paese di Giulietta e Romeo.
5. La più importante città della Sardegna.
6. Il capoluogo dell'Umbria.
9. È il nome di una città e lago del nord.
10. Un buco profondo che fa da riparo agli animali.
12. La città più importante della Sicilia.
14. Ci abita il papa.
16. Ogni anno c'è il famosissimo palio.
17. Il suo meraviglioso golfo si sporge sul Tirreno.
18. Un paese vicino Amalfi arrampicato sul monte.
19. Ogni anno si svolge la Fiera del Levante.
22. I suoi abitanti viaggiano in gondole.
23. Si trova nella regione più piccola d'Italia.
25. Porto importante vicino Genova.

IN CITTÀ

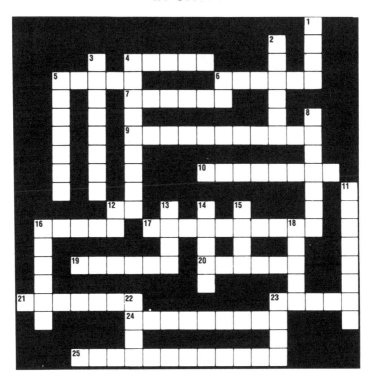

Orizzontale

4. Galleria.
5. Grande giardino pubblico.
6. Vie.
7. Botteghe.
9. Parte della strada riservata ai pedoni.
10. Apparecchio luminoso per regolare il traffico.
12. Nome della consonante "t".
16. Case circondate da un giardino.
17. Macchina.
19. Quello che va a piedi.
20. Contiene un palcoscenico.
21. Alloggio.
23. Quartieri.
24. Si vendono i salumi.
25. Abitazione.

Verticale

1. Dimore.
2. Area di notevole ampiezza, ci passeggiano gli amici.
3. Massa di persone e veicoli.
4. Costruzioni erette per celebrare un avvenimento storico.
5. Edificio reale.
6. Affermazione.
8. Mostra di negozio.
11. Si vendono medicine.
12. È una bevanda calda.
13. Chiarore.
14. Passerelle.
15. Oggetto.
16. Quelli fanno parte della polizia urbana.
18. Animali feroci.
22. Parti dure del corpo.
23. Parte di un albero.

PERSONAGGI FAMOSI

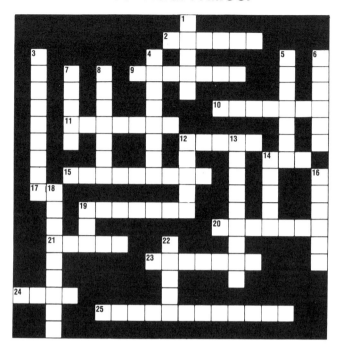

Orizzontale

2. Famoso tenore napoletano, idolo dei teatri americani.
9. Inventò il telegrafo senza fili.
10. Commediografo, riformatore del teatro comico.
11. Patriota genovese, organizzava per l'unificazione dell'Italia.
12. Scrittore e romanziere siciliano.
14. Pronome personale.
15. Fece un viaggio attraverso l'inferno.
17. Significa ora.
19. Compositore dell'opera la *Bohème*.
20. Inventore del telescopio.
21. Parte della pianta che ha colore e odore.
23. Un suo personaggio è Pinocchio.
24. Il suo nome era Marco.
25. Una sua opera è la *Pietà*.

Verticale

1. Grande esploratore dell'Asia.
3. Un santo che parlava ai colombi.
4. Grande violinista.
5. Viaggiò con tre caravelle.
6. Il nome del grande Caruso.
7. Italo-Americano, il primo a produrre la reazione atomica a catena.
8. Autore dei *Promessi Sposi*.
12. Genio musicale, compositore dell'opera la *Traviata*.
13. L'eroe dei due mondi.
14. Dipinse l'*Ultima Cena*.
16. Il genio politico del Risorgimento.
18. Pittore famoso per le sue madonne.
19. Nome di dodici papi.
22. Palle usate per giocare.

CARTOLINE POSTALI

Orizzontale

1. Panorama.
3. Il nome della consonante "c".
7. Impianto con cabine sospese con funi metalliche.
9. Rilievo del terreno.
11. Rifugio delle navi.
13. È formata da gradini.
15. Famosa scultura di Michelangelo.
16. Affermazione.
17. Una catena di monti del nord.
18. Pronome possessivo.
19. Un adulto.
21. Veduta di un paesaggio.
23. Recipienti per il vino.
24. La cattedrale di Milano.
25. C'è ne una famosa a Pisa.
26. Barche di Venezia.
27. Famosa fontana di Roma.
28. Edificio munito di mura e torri.

Verticale

1. Il nome della consonante "p".
2. Torri con campane.
3. Un tetto rotondo di una chiesa.
4. Vasta quantità di acqua dolce.
5. . . . . siciliano.
6. Antico stadio romano.
7. Spruzza acqua continuamente.
8. Piccola chiesa.
10. Area di notevole ampiezza, ci passeggiano gli amici.
12. Zona di fiori e alberi.
14. Galleria.
15. Passerelle.
16. Vie.
19. Articolo indeterminativo.
20. Il nome di una cappella famosa.
22. Quarto mese dell'anno.
23. Si trovano ad Alberobello.

Make Your Own Crossword Puzzle

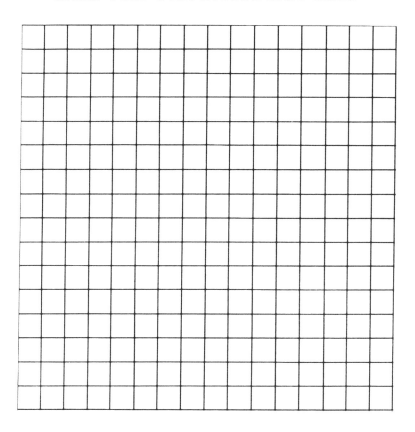

ANSWER KEY

ENGLISH/ITALIAN PUZZLES

Nella pescheria (page 1)
Across: 3. aragosta; 7. salmone; 8. lui; 9. casa;
10. polpo; 11. amo; 12. merluzzo; 13. sarda; 15. gambero;
16. calamari
Down: 1. scombri; 2. vongola; 4. scampo; 5. ostrica;
6. tonno; 7. seppie; 9. cozze; 10. po; 12. mare; 14. cosa

Il calendario (page 2)
Across: 3. ieri; 4. gennaio; 5. domani; 6. marzo;
8. avantieri; 12. estate; 13. lunedì; 14. giovedì;
15. anno; 16. stagioni; 18. maggio
Down: 1. primavera; 2. oggi; 6. mie; 7. martedì;
9. inverno; 10. aprile; 11. autunno; 14. gesso; 17. già

L'orario (page 3)
Across: 1. secondi; 3. campanelli; 4. ora; 7. lancetta;
10. mattina; 11. mezzogiorno; 13. inno; 14. sono; 15. cucù;
16. puntuale; 17. sveglia
Down: 1. sì; 2. indietro; 4. orologio; 5. avanti;
6. mezzanotte; 8. notte; 9. ritardo; 11. minuti; 12. giorno;
14. sera

Carni e salami (page 4)
Across: 1. pollo; 2. filetto; 3. mia; 4. salsiccia; 7. nasi;
9. mortadella; 11. costoletta; 14. pancetta; 15. rami;
16. bistecca
Down: 1. prosciutto; 2. fa; 3. maiale; 5. agnello;
6. vitello; 8. tacchino; 9. manzo; 10. pera; 12. terra;
13. trippa

La frutta (page 5)
Across: 5. albicocca; 7. nespola; 8. more; 10. amo;
11. fichi; 13. prugne; 14. arancia; 15. ananas;
16. fragola; 17. pera
Down: 1. castagna; 2. fichi d'India; 3. mandarino; 4. mela;
6. cocomeri; 9. limoni; 12. banana; 13. panna

La verdura (page 6)
Across: 1. carciofo; 4. carota; 5. caro; 7. noi;
9. cavolo; 10. sì; 11. zoo; 14. fava; 15. lattuga;
16. piselli; 18. broccoli; 19. case

Down: 1. cavolfiori; 2. cetrioli; 3. finocchio; 5. cipolla; 6. ravanello; 8. patata; 10. spinaci; 11. zucchine; 12. rape; 13. funghi; 17. sedano

I colori (page 7)
Across: 4. arancione; 5. verde; 6. blu; 7. nero; 9. ella; 11. giro; 12. viola; 13. giallo; 14. bruna
Down: 1. marrone; 2. bianco; 3. celeste; 4. azzurro; 8. rosa; 10. avana; 11. grigio; 12. voi

Aggettivi (page 8)
Across: 3. noioso; 4. allegro; 6. basso; 9. bruna; 10. uomo; 12. se; 13. buono; 15. intelligente; 17. pieno; 18. simpatico
Down: 1. romantico; 2. triste; 4. alta; 5. furbo; 6. biondo; 7. stupido; 8. dolce; 11. brutto; 12. soleggiato; 13. bello; 14. vivace; 16. salato

In banca (page 9)
Across: 2. impiegati; 5. coda; 6. firma; 8. lira; 10. sportelli; 12. monete; 13. in; 15. denaro; 16. case; 17. ci; 18. rosa; 19. incasso; 20. telefono
Down: 1. libretti; 3. moduli; 4. data; 7. assegni; 9. dollari; 11. interesse; 14. timbro; 15. deposito; 17. cassa

Nell'aula (page 10)
Across: 2. banco; 4. finestra; 5. quaderni; 8. sa; 11. lavagna; 12. ama; 13. forbici; 14. ma; 15. penna; 16. scaffale; 18. professoressa; 20. foglio; 21. lezioni; 22. gesso
Down: 1. squadra; 3. cattedra; 6. insegnante; 7. professore; 8. sedia; 9. librone; 10. mattita; 14. misto; 15. pastelli; 17. compito; 19. riga

Piante, fiori e alberi (page 11)
Across: 1. tulipani; 3. garofano; 6. quadrifogli; 9. edera; 10. ma; 11. ore; 14. ortensia; 15. dalia; 16. viola; 17. foglia
Down: 2. narciso; 3. giglio; 4. albero; 5. orchidea; 6. quercia; 7. dea; 8. cipressi; 10. mughetto; 12. rosa; 13. pino

ITALIAN/ENGLISH PUZZLES

Verbs (page 12)
Across: 1. ask; 4. sit; 6. prove; 9. rip; 10. exist; 11. read; 12. yell; 14. try; 15. use; 19. say; 20. own; 21. trap; 22. want; 23. swing

Down: 2. stop;   3. stain;   4. seem;   5. entertain;   6. pray;
7. ride;   8. dress;   13. learn;   16. earn;   17. hop;   18. snow

Transportation (page 13)
Across: 1. horses;   5. truck;   6. subway;   10. automobile;
13. bicycle;   15. train;   16. bus;   17. sled;   18. skis
Down: 2. rib;   3. art;   4. skate;   7. ago;   8. rockets;   9. air-
planes;   11. unicycle;   12. canoes;   13. boats;   14. cab

Family (page 14)
Across: 2. grandmother;   3. husband;   6. father;
8. granddaughter;   9. baby;   11. grandfathers (*or*
grandparents);   14. mother;   16. seven;   17. wife;   19. nephew;
20. cousin;   21. uncles
Down: 1. grandsons;   2. grandparents;   4. son;   5. daughters;
7. dad;   10. brother;   12. niece;   13. aunt;   15. evil;   17. win;
18. in

At the zoo (page 15)
Across: 2. zoo;   4. elephants;   7. bears;   8. moose;
12. kangaroos;   13. deer;   14. skunk;   15. fox;   16. seal;
17. wolf;   18. ostriches
Down: 1. apes;   2. zebras;   3. orangutan;   5. lions;   6. snake;
9. ewe;   10. giraffes;   11. monkeys

Farm animals (page 16)
Across: 3. mouse;   4. hog;   6. chickens;   10. horse;   11. goat;
12. fleece;   13. ewe;   17. pay;   18. roosters;   19. colt;   20. geese
Down: 1. duck;   2. donkey;   5. turkey;   6. cats;   7. calves;
8. sheep;   9. dog;   14. wants;   15. cow;   16. hens

Furniture (page 17)
Across: 3. bedstand;   4. sofa;   5. cool;   7. crib;   9. bed;
10. mirror;   11. rug;   13. rocker;   14. table;   15. divan;
16. television
Down: 1. stool;   2. drawer;   3. bear;   4. stereo;   6. lamp;
7. chest;   8. bureau;   9. bookcase;   12. desks;   13. radio

Clothing (page 18)
Across: 1. dress;   4. cap;   5. he;   6. press;   10. pants;   12. tie;
13. belt;   14. be;   15. not;   16. stockings;   18. shoes;   19. hose;
20. sweater;   21. suits
Down: 2. robe;   3. scarf;   5. hat;   7. skirt;   8. jacket;
9. shirts;   11. socks;   13. blouses;   14. boots;   17. coat

Weather (page 19)
Across: 3. wind; 4. sun; 8. fair; 10. cloudy; 11. damp; 13. ice; 15. sang; 16. storm; 17. snowy; 18. umbrella; 19. freeze; 20. hot
Down: 1. lightning; 2. humid; 5. temperature; 6. cold; 7. thunder; 8. fog; 9. rain; 12. shower; 13. it; 14. cool; 16. sleet

On the table (page 20)
Across: 1. spoons; 5. bottle; 6. pepper; 8. fruits; 10. dish; 11. tea; 12. butter; 14. napkins; 17. milk; 18. knife; 19. large; 21. cloth; 22. cream
Down: 1. silverware; 2. bread; 3. coffee; 4. meat; 7. cup; 8. fork; 9. saucer; 13. time; 15. salt; 16. wine; 20. ah

Numbers (page 21)
Across: 3. five; 5. nine; 7. eighty; 8. eighteen; 10. four; 11. sixteen; 13. forty; 16. seven; 17. fifteen; 19. eleven; 20. thirteen; 21. ten; 22. ninety; 23. seventy
Down: 1. seventeen; 2. one; 4. zero; 5. nineteen; 6. eight; 9. two; 10. fourteen; 12. twelve; 14. hundred; 15. twenty; 18. three

ITALIAN/ITALIAN PUZZLES

Gli sport (page 22)
Orizzontale: 5. piscina; 7. foro; 8. calcio; 10. tifosi; 12. ora; 16. corsa; 19. racchette; 22. rete; 23. oscilla; 26. tini; 27. pallacanestro; 28. pattinaggio; 30. pallone; 31. ciclismo
Verticale: 1. gioco; 2. sci; 3. portiere; 4. squadra; 6. nuoto; 8. ci; 9. canottaggio; 11. arbitro; 13. mare; 14. campioni; 15. gara; 17. pugilato; 18. scherma; 20. tennis; 21. campo; 24. cavallo; 25. palla; 26. trio; 29. naso

Le parti del corpo (page 23)
Orizzontale: 2. testa; 4. caviglia; 6. polso; 9. tallone; 10. gomito; 13. ciglia; 14. minuti; 17. naso; 18. cuore; 21. piedi; 22. occhi; 23. unghie; 26. polmoni; 27. labbra; 30. ginocchio; 31. gamba; 32. bocca; 33. mento
Verticale: 1. fianco; 3. stomaco; 5. gola; 7. spalla; 8. polpaccio; 10. gamba; 11. mano; 12. dito; 15. capelli; 16. coscia; 19. muscolo; 20. viso; 24. vita; 25. orecchio; 27. lingua; 28. dente; 29. fegato

Saper guidare (page 24)
Orizzontale: 2. zona; 8. area; 9. freni; 11. autostrada;
12. odio; 14. strisce; 17. via; 18. fermata; 20. sorpasso;
21. pedoni; 23. veicolo; 25. divieto; 26. giallo
Verticale: 1. corsia; 3. frenare; 4. partenza; 5. semaforo;
6. auto; 7. stop; 10. fanale; 13. direzione; 15. verde;
16. patente; 17. vigile; 19. rosso; 22. sosta; 24. oggi

Le regioni d'Italia (page 25)
Orizzontale: 3. Adige; 7. Piemonte; 9. Puglia; 11. so;
12. Abruzzo; 14. tira; 17. Marche; 18. osso; 19. Giulia;
20. Calabria; 22. Campania; 23. Sardegna; 24. Liguria;
25. Molise; 26. Basilicata
Verticale: 1. rete; 2. Lombardia; 4. Venezia; 5. Veneto;
6. Emilia; 8. Trentino; 10. Lazio; 11. Sicilia; 13. Umbria;
15. Romagna; 16. Toscana; 20. casa; 21. ragno; 25. ma

La casa (page 26)
Orizzontale: 3. marciapiede; 7. giardino; 8. fumaiolo;
10. soffitto; 12. muri; 13. porta; 14. sedia; 16. vaso;
17. ama; 18. Giotto; 20. balconi; 21. mattoni; 23. scale;
24. luce; 25. finestra; 26. persiane; 27. cancello
Verticale: 1. marmi; 2. frigorifero; 4. pori; 5. soglia;
6. terrazzo; 9. antenna; 11. tetto; 13. pavimento; 15. bagno;
18. giardino; 19. tegole; 22. cucina

Mestieri e professioni (page 27)
Orizzontale: 2. contadino; 5. scultore; 7. calzolaio; 9. Pisa;
11. muro; 12. infermiere; 17. poeta; 18. io; 22. medico;
23. dentista; 24. attore; 25. professore
Verticale: 1. artista; 3. oste; 4. fotografo; 6. farmacista;
7. cuoco; 8. lattaio; 10. sarte; 13. fornaio; 14. impiegato;
15. mai; 16. direttore; 19. orefice; 20. operaio; 21. pittore

Le città (page 28)
Orizzontale: 5. Capri; 7. Genova; 8. Milano; 10. Tivoli;
11. Carrara; 13. mare; 15. Ischia; 20. Pescara; 21. Ravenna;
24. Assisi; 26. Firenze; 27. Padova; 28. Bologna
Verticale: 1. Pisa; 2. Pompei; 3. Rimini; 4. Verona;
5. Cagliari; 6. Perugia; 9. Como; 10. tana; 12. Palermo;
14. Roma; 16. Siena; 17. Napoli; 18. Positano; 19. Bari;
22. Venezia; 23. Aosta; 25. Savona

In città (page 29)
Orizzontale: 4. museo; 5. parco; 6. strade; 7. negozi;
9. marciapiede; 10. semaforo; 12. ti; 16. ville; 17. automobile;
19. pedone; 20. teatro; 21. albergo; 23. rioni; 24. salumeria;
25. appartamento
Verticale: 1. case; 2. piazze; 3. traffico; 4. monumenti;
5. palazzo; 6. sì; 8. vetrine; 11. farmacia; 12. tè; 13. luce;
14. ponti; 15. cosa; 16. vigili; 18. leoni; 22. ossa; 23. ramo

Personaggi famosi (page 30)
Orizzontale: 2. Caruso; 9. Marconi; 10. Goldoni;
11. Mazzini; 12. Verga; 14. voi; 15. Alighieri; 17. or;
19. Puccini; 20. Galileo; 21. fiore; 23. Collodi; 24. Polo;
25. Michelangelo
Verticale: 1. Marco; 3. Francesco; 4. Paganini; 5. Colombo;
6. Enrico; 7. Fermi; 8. Manzoni; 12. Verdi; 13. Garibaldi;
14. Vinci; 16. Cavour; 18. Raffaello; 19. Pio; 22. bocce

Cartoline postali (page 31)
Orizzontale: 1. paesaggio; 3. ci; 7. funivia; 9. colline;
11. porto; 13. scalinata; 15. Pietà; 16. sì; 17. Alpi; 18. suo;
19. uomo; 21. panorama; 23. tini; 24. Duomo; 25. torre;
26. gondole; 27. Trevi; 28. castello
Verticale: 1. pi; 2. campanili; 3. cupola; 4. lago;
5. carrettino; 6. Colosseo; 7. fontana; 8. cappella; 10. piazza;
12. giardini; 14. museo; 15. ponti; 16. strade; 19. uno;
20. Sistina; 22. aprile; 23. Trulli

FOREIGN LANGUAGE BOOKS AND MATERIALS

Multilingual
Complete Multilingual Dictionary of
 Computer Terminology
Complete Multilingual Dictionary of
 Aviation and Aeronautical Terminology
Complete Multilingual Dictionary of
 Advertising, Marketing and Communications
The Insult Dictionary
 How to Give 'Em Hell in 5 Nasty Languages
The Lover's Dictionary
 How to be Amorous in 5 Delectable Languages
Multilingual Phrase Book
Let's Drive Europe Phrase Book

Spanish
Vox Spanish and English Dictionaries
Harrap's Concise Spanish and English Dictionary
Complete Handbook of Spanish Verbs
The Spanish Businessmate
Nice 'n Easy Spanish Grammar
Spanish Verbs and Essentials of Grammar
Spanish Verb Drills
Getting Started in Spanish
Guide to Spanish Idioms
Guide to Correspondence in Spanish
Diccionario Básico Norteamericano
Basic Spanish Conversation
Spanish Picture Dictionary
Welcome to Spain
Spanish for Beginners
Spanish à al Cartoon
Let's Learn Spanish Coloring Book
Easy Spanish Word Games
Easy Spanish Crossword Puzzles
How to Pronounce Spanish Correctly

French
Harrap's French and English Dictionaries
French Verbs and Essentials of Grammar
Getting Started in French
Guide to French Idioms
Guide to Correspondence in French
The French Businessmate
Nice 'n Easy French Grammar
French à la Cartoon
French for Beginners
French Picture Dictionary
Welcome to France
Let's Learn French Coloring Book
French Verb Drills
Easy French Crossword Puzzles
Easy French Vocabulary Games
Easy French Grammar Puzzles
Easy French Word Games
How to Pronounce French Correctly

German
New Schöffler-Weis German and English Dictionary
Klett German and English Dictionary
Harrap's Concise German and English Dictionary
Getting Started in German
German Verbs and Essentials of Grammar
Guide to German Idioms
The German Businessmate

Nice 'n Easy German Grammar
German Picture Dictionary
German for Beginners
German Verb Drills
Let's Learn German Coloring Book

Italian
Getting Started in Italian
Italian Verbs and Essentials of Grammar
Italian Picture Dictionary
Italian for Beginners
Let's Learn Italian Coloring Book

Russian
Essentials of Russian Grammar
Business Russian
Roots of the Russian Language
Reading and Translating Contemporary Russian
How to Pronounce Russian Correctly

Japanese
Japanese in Plain English
Everyday Japanese
Japanese for Children
Easy Hiragana
Easy Katakana

Korean
Korean in Plain English

Phrase Books
Just Enough Dutch
Just Enough French
Just Enough German
Just Enough Greek
Just Enough Italian
Just Enough Japanese
Just Enough Portuguese
Just Enough Scandinavian
Just Enough Serbo-Croat
Just Enough Spanish
Harrap's French Phrase Book
Harrap's Spanish Phrase Book
Harrap's Italian Phrase Book
Harrap's German Phrase Book

Audio and Video Language Programs
Just Listen 'n Learn: Spanish, French, Italian,
 German and Greek
Just Listen 'n Learn PLUS: Spanish, French
 and German
Practice & Improve Your. . . Spanish, French,
 and German
Practice & Improve Your. . . PLUS Spanish, French,
 and German

Software
Basic Vocabulary Builder:
 French, Spanish, German,
 and Italian
AMIGO: Spanish and English
 Vocabulary Program
CD-ROM "Languages of the World"
 18 bilingual Dictionaries on one disk

PASSPORT BOOKS
a division of *NTC Publishing Group*
Lincolnwood, Illinois USA